원수를 찾아서 몸부림치며
북으로 떠나는 전투기들아
장백 산 밀림도 샅샅이 뒤져
한 놈의 원수도 놓지지 말고
로켓드 포탄을 퍼부어 주라
우리는 이긴다 이겨야 한다
이기고 오너라 전투기들아.

1. 용감한 신호병

이슥한 밤중이었읍니다.

앵앵 울리는 바람 소리에 따라 눈보라가 천막 속까지 들이치는 추운 겨울 밤이었읍니다.

매일 밤 그렇게도 요란하던 대포 소리도, 오늘은 웬 일인지 잠잠하여, 이곳 중부 전선은 이상하게도 고요하였읍니다. 때때로 적군이 쏘는 따발총 소리가 멀리서 간간이 들려 올 뿐입니다. 우리 국군 바로 앞에 진을 치고 있는 미국 해병대에서도, 사람의 기척 하나 들려 오지 않았읍니다.

"모여!"

벼란간, 고요한 어둠을 깨치고 집합 명령이 내렸읍니다.

전시생활 2-3

씩씩한 우리 겨레

(국민 학교 3.4 학년)

문 교 부

1. 전 투 기

오늘도　정답게　짝을 지어서
북으로　떠나는　전투기들아
침략을　꿈꾸는　오랑캐들의
한 대의 적기도　놓지지 말고
용감히　싸워라　전투기들아
우리는　이긴다　이겨야 한다
이기고　오너라　전투기들아

병사들은 일제히 일어나서 무장을 갖추고 천막을 뛰어나왔읍니다. 중대장은 모인 병사들에게 힘찬 명령을 내리는 것이었읍니다.

"우리 부대는 514 고지의 오랑캐를 무찌르게 되었다. 이 고지를 빼앗았고 못 빼앗는데 따라서, 싸움에 큰 관계가 있는 것이니, 각 병사들은 한층 더 용감하게 싸워 주기 바란다. 특히 우리 중대가 정면을 치는 중한 책임을 맡았으니, 성공하기 전에는 살할아서 돌아오지 않을 결심이다."

병사들은 중대장의 명령을 듣고, 이제야 앞장을 서서 쳐들어갈 때가 왔다고, 기운이 나서 두 주먹을 불끈 쥐는 것이었읍니다. 우리 용사들은, 언제든지 오랑캐를 무찌를 준비를 하고, 명령이 내리기만 기다리고 있었던 것입니다.

어제도 산! 오늘도 산! 산과 산이 겹겹이 싸인 이곳 중부 전선에서는, 우리 연합군들이 산을 끼고 개미 떼처럼 몰려드는 중공 오랑캐를 치고 있었읍니다.

어제도, 그저께도, 또 오늘도, 우리 부대는 원주 북쪽에 있는 514 고지에 진을 치고 있는 적의 진지를 빼앗으려고, 날마다 맹렬한 공격을 하였던 것입니다. 우리 병사들은 참 용감하게 싸웠읍니다. 그러나, 워낙 낮은 곳에서 올려다보고 싸우고 있었기 때문에, 암만 하여도 이 편이 불리하였읍니다. 오랑캐 떼가 산봉우리에 파 놓은 굴 속에 숨어서 악착스럽게 대항하기 때문에, 좀체로 쳐올라갈 수가 없었던 것입니다. 아! 원망스러운 514 고지! 이 고지를 우리 부대가 앞장서서 무찌르게 되었으

니, 용사들이 기뻐한 것은 물론입니다.

중대장은 병사들을 둘러보고 다시 엄숙한 목소리로 말을 꺼내었읍니다.

"우리 중대가 돌격하기 전에, 적의 진지 속에 들어가서 비행기와 후방의의 목표를 가르쳐 주어야 할 텐데, 지원할 사람은 없는가?"

"예, 제가 가겠읍니다."

"중대장 님, 저를 보내 주십시오."
병사들은 여기 저기서 총을 잡고 앞으로 나왔읍니다. 중대장은,

"고맙다. 너희들의 씩씩한 마음은 고맙다만, 이렇게 많이 갈 필요는 없으니, 한 사람만 내가 정하겠다."

하고, 그 중에서 김 일등병을 뽑았읍니다. 김 일등병은, 북한에서 오래 동안 공산당 밑에서 고생하던 청년입니다. 그는 굳게 결심하고, 삼팔선을 넘어와서, 국군이 되기를 지원하였던 것입니다. 피땀을 흘려서 만든 물건과 곡식을 빼앗아 가고, 애국자를 잡아 죽이는, 공산당들의 고약한 짓을 눈 앞에 보고, 우리나라가 하루 바삐 통일하려면, 이 무리를 쳐부수는 도리 밖에 없다고 생각하였기 때문입니다.

중대는, 김 일등병을 앞세우고, 중대장을 따라서, 어둠 속으로 가만이 전진을 시작하였읍니다. 미군 해병대 진지를 지나 514 고지 기슭에 이르자, 중대는 일제히 엎드려서 다음 명령을 기다리기로 하였읍니다.

중대장은 김 일등병에게 신호를 하는 방법을 가르쳐 주고, 다른 병사들에게도 여러 가지 주의를 하였읍니다. 이윽고, 우리 편 대포 소리가 하늘과 땅을 뒤흔들고, 앞 산봉우리에 터지는 대포알이 불꽃을 일으키기 시작하였읍니다. 중대장은, 곧 김 일등병에게 출발을 명령한 다음, 병사들을 이끌고 눈을 헤쳐 가며 산을 오르기 시작하였읍니다.

적의 진지는 이상하게도 총소리 하나 없이 조용하였읍니다. 그러나, 우리 중대가 거의 산 중턱에 올랐을 때, 벼란간

"다다다……" 하고 기관총을 내리쏘기 시작하였읍니다. 중대는 곧 눈 속에 얼굴을 파묻고 몸을 숨겼읍니다.

이 때, 김 일등병은 벌써 산봉우리 가까이 갔었읍니다. 무릎까지 빠지는 눈을 헤쳐 가며, 산골짜기를 타고 기어오르는 것입니다. 군복은 젖었다가 다시 얼얼어붙고, 발은 미끄러져 붙일 수도 없는데, 깜깜한 골짜기를 기어 오르는 것은 참으로 어려운 일이었읍니다. 더구나, 머리 위에서는 우리 편에서 쏘는 대포알이 "쐥, 쐥." 하고 지나가고 있었읍니다. 그러나, 김 일등병은 자기가 맡은 중대한 일을 생각하고, 앞으로 앞으로 나아가기만 하였읍니다. 적의 기관총 소리가 들려 와도 그저 올라가기만 하는 것이었읍니다.

산봉우리에 거의 다 올라왔을 때, 김 일등병은 정신을 바짝 차리고, 귀를 기울여 적의 모양을 살피기 시작하였읍니다. 여기 저기 파 헤쳐 놓은 구불구불한 참호가 있는데, 적은 모두 어디 숨어 있는지, 보초 몇 명이 숨어서 지키고 있을 따름이었읍니다.

김 일등병은 곧, 중대장이 일러 준 대로, 대포를 쏘지 말라는 신호를 보낸 다음, 바위 틈에 숨어서 적의 모양을 더 자세히 살피기로 하였읍니다. 때마침 서쪽 하늘에는 가느다란 그믐달이 가냘픈 빛을 던져서, 가까운 곳만은 어렴풋이나마 보이었읍니다.

대포소리가 뚝 그치자, 난데없는 오랑캐 떼가 산봉우리에 파 놓은 참호로 기어들기 시작하였읍니다. 김 일등병은, "이 때다." 하고, 곧 신호불을 비쳐서 적이 있다는 것을 알렸읍니다.

"팽!"

머리 위로 적의 총알이 날아왔읍니다. 이어서 박격포를 내리퍼붓기 시작하였읍니다. 김 일등병은 얼른 바위 틈에 몸을 숨겼읍니다. 이 때, 남쪽에서 "우르릉, 우르릉." 하며 비행기 소리가 나자, "번쩍." 하며 조명탄이 터졌읍니다.

한 대, 두 대, 세 대…….

비행기는 번갈아 적의 머리 위로 날아왔읍니다. 김 일등병은 자기의 위험도 잊어 버리고, 다시 신호불을 계속해서 비쳤읍니다.

팡, 팡.

대포알이 비행기에서 내리퍼붓는 폭탄과 함께 소낙비처럼 날아오기 시작하였읍니다. 김 일등병 근처에서 터져서

키를 "쨍" 하고 울렸읍니다. 그러나, 김 일등병은 급히지 않고 신호를 계속하는 것이였읍니다. 그리고, 오랑캐 떼가 갈팡질팡하며 아우성을 치며 도망을 하기 시작하자, 곧 때를 놓지지 않고, 돌격을 하라는 신호를 보냈읍니다.

비행기는 다시 기관총을 내리쏘기 시작하였읍니다. 오랑캐 떼는 어쩔 줄을 모르고 와아 도망을 할 때, 마침 우리 중대가 일제히 올라와서 돌격을 하기 시작하였읍니다. 돌격, 돌격, 국군 용사들은 앞을 다투어 도망하는 오랑캐 떼 속에 총알처럼 뛰어들어갔읍니다.

어느 틈에 먼동이 터서 훤히 밝아온 산봉우리에는 태극기가 아침 햇발에 펄펄 휘날리게 되었읍니다.

"만세!"

우리 용사들은 김 일등병을 둘러싸고 감격에 넘친 만세를 불렀읍니다.

아아, 원망스럽던 514 고지! 그러나, 이제 우리 국군과 유엔군은 514 고지를 넘어 북으로 북으로 오랑캐를 무찔러 나아갔읍니다. 김 일등병의 빛나는 공훈으로 말미암아, 용사들의 기운은 한층 더 돋우어졌던 것입니다.

3. 이기는 길

학교에서 돌아온 영철이는, 집 앞에 서서, 들과 한길을 바라보고 있었읍니다.

사흘 동안이나 내리던 비가 활짝 개고, 맑은 하늘에는 흰 구름이 가볍게 한두 송이 떠 있었읍니다. 살랑거리는 바람도 시원스러운, 참 좋은 봄날이었읍니다.

오늘은 한길을 달리는 자동차가 훨씬 더 늘었읍니다. 날씨도 좋고 먼지도 일어나지 않아서, 아주 기분 좋게 달리고 있읍니다. 찌읍차가 쏜 살 같이 달아나고, 트럭이 부르릉 부르릉 소리를 내며 기운차게 달립니다. 짐을 가득 실은 것도 있고, 군인을 가득 태운 것도 있었읍니다.

영철이는 물끄러미 바라보고 있다가, 문득 이상한 것을 발견하였읍니다. 어느 자동차든지, 영철이네 집에서 한 백 미터쯤 떨어진 곳에 가서는, 우뚝 멈추었다가 속력을 늦추어 가지고 지나가는 것이었읍니다. 줄을 지어서 가던 자동차들은 으례 한 차례 몰렸다가, 또 다시 떨어져서 힘차게 달리는 것이었읍니다.

트럭 한 대가 급히 그 곳을 지나다가 덜커덩하고 흔들리더니, 위에 실었던 짐 한 짝을 떨어뜨렸읍니다. 달아나던 트럭은 우뚝 멈추고, 그 속에서 국군이 내려와서 짐을 다시 얹었읍니다. "웬일일가?" 영철이는 이상히 생각하고 얼른 그 곳으로 달려가 보았읍니다.

길 가운데는 넓이가 약 일 미터쯤 되는 우묵한 구렁이 패어 있었읍니다. 빗물이 길 위로 넘쳐서 팬 자국이었읍니다. 그리고, 그 근처에는 굵다란 돌멩이들이 우툴두툴하게 튀어나와 있었읍니다.

"아, 이것 때문이로구나!"

영철이는 길 옆에 서서 자동차가 지나가는 것을 자세히 보았읍니다.

자동차는, 여전히, 그 앞에 와서, 우뚝 멈추는 것처럼 속력을 늦추었다가, 천천히 지나가고는 하였읍니다. 한 번 쑤욱 내려앉았다가, 덜커덩 하고 솟아오른 다음에, 다시 달리기 시작하는 것이었읍니다. 영철이는 집으로 달려가서 삽을 가지고 나왔읍니다. 길 옆의 흙을 파서 메우기로 결심한 것입니다. "우리의 힘으로."라는 선생님 말씀과 반회의 결의를 지켜 보려고 생각한 때문이었읍니다.

움푹 팬 구렁은 흙을 한 삽, 푹 파다가 메워도 여전히 깊었읍니다. 그래도

영철이는 자꾸 파다가 메웠읍니다. 비가 온 뒤이기 때문에 흙이 물렁물렁해서 파기는 쉬웠지만 무거워서 힘이 퍽 들었읍니다. 그뿐만 아니라, 자동차가 지날 적마다, 도로 파헤치고 가기 때문에 구렁은 좀처럼 메워지지 않았읍니다. 그래서 다시 돌을 주워다가 메우기로 하였읍니다.

이마에 구슬 같은 땀이 주루루 흘렀

올 때는 구렁이 패 얕게 되었읍니다.

"얘 고맙다."

어떤 운전수는 창에서 고개를 내밀고 소리치고 가기도 하고, 어떤 군인은 경례를 하고 손을 저으며 지나가기도 하였읍니다.

구렁이 반쯤 메워졌을 때, 영철이는 다시 삽으로 흙을 파 던졌읍니다. 해는 어느덧 서쪽 산에 기울어지고, 영철이의 온 몸에는 땀이 흠씬 배었읍니다. 이 때 들에서 일을 마치고 돌아오시던 아저씨가 영철이를 보시고

"혼자 무얼 하고 있니? 응! 너 길을 고치고 있구나!"

하시더니 지게를 내려 놓으시고 영철이가 들은 삽을 잡으셨읍니다. 아저씨는

"아이. 패 많이 메웠구나! 너 혼자서 메웠으면 퍽 오래 걸렸겠구나……"

하시면서 흙을 푹푹 파서 던지시었읍니다. 영철이는 기뻐서 부지런히 돌을 집어 날랐읍니다.

그렇게 하는 동안에 들일을 마치고 돌어오는 어른들이 이것을 보고

"여보, 이 서방! 무엇을 그렇게 하고 있소?"

하고는, 영철이가 혼자 길을 고치고 있었다는 이야기를 듣자

"이것 참 영철이 장한데!"

"그건 우리들도 미처 생각하지 못했는 걸."

"자! 이왕 시작한 김이니, 우리 다른 데도 고쳐 놓읍시다."

하시고 거들기 시작하였읍니다.

영철이 아버지도 소를 몰고 돌아오시다가 같이 일을 하셨읍니다. 여러 어른들이 힘을 합하였기 때문에 얼마 아니

하서 길은 훌륭히 닦아졌읍니다 자동차 들은 그 위를 거침없이 달려갑니다. 영철이는, 이것을 보니, 여간 기쁘지 않았읍니다. 영철이는 저녁을 먹고 나서

"아버지 웬 자동차가 그렇게 많이 다녀요?"

하고 아버지께 여쭈워 보았읍니다.

"싸우는 곳에 물자를 보내 주어야 하지 않니? 병정들이 잘 싸우게 하

려면 뒤를 빨리 대 주어야 한단다. 영철아 자동차로 무얼 그렇게 실어 나르는지 알겠니?"

"총알, 대포알, 또 …………"

"또 무엇이 있을가?"

영철이는 한참 생각해 보았읍니다.

"먹을 것도 필요하고, 입을 것도 필요해요."

"그래. 그 밖에 또 다치고 병들은 병정들을 고치려면 의료품도 있어야 한다. 그뿐만 아니라, 적군을 몰아낸 뒤에는 그 곳에 사는 사람들을 구해 줄 물자도 또 여간 많이 드는 것이 아니란다."

"그럼, 그런 것들을 모두 저 길로 나르나요."

"그렇고 말고. 저 길이 서울로 가는 길이고 싸움터로 벋어나가는 길이니까."

"그럼 길이 퍽 좋아야 하겠는데요?"
영철이는 아까 자동차들이 덜커덩 하며 구렁에 빠지던 일과 어른들과 함께 길을 고치던 일을 생작하였읍니다.

"그렇고말고! 참 너는 오늘 장한 일을 하였다. 우리는 싸움터에 못 나가는 대신에 뒤에서 우리 힘이 미치는 데까지 도와 주어야 한다. 이렇게 국군과 국민들이 힘을 한데 모아야 오랑캐들을 빨리 무찌를 수가 있는 것이다. 이러한 싸움을 총력전이라고 한다."

아버지는 다시 말씀을 이으셨읍니다.

이번 싸움에, 우리 나라는, 길이 좋지 못해서, 편리한 자동차와 훌륭한 탕크를 가지고도, 마음 대로 활동을 하기 어려웠다는 것이었읍니다. 더구나 전쟁 때문에 철도와 철교가 많이 끊어지고 한길이 몹시 상해서, 이것을 빨리 고치지 않으면 안 되겠다는 것입니다. 그러므로, 우리 대통령께서도, 길을 고치는 것이 가장 급한 일이라고, 여러 번 말씀하셨다는 것입니다.

영철이는 아무 생각 없이 길을 고친 것이 아주 훌륭한 일이었다는 것을 깨닫고 매우 기뻤읍니다.

4. 우리의 힘으로

토요일 날 아침 공부가 시작되려는 때이었읍니다. 선생님 앞에는 아이들이 모아들인 국군 아저씨에게 보내는 위문품이 수북하게 쌓여 있었읍니다.

"너희들한테서 위문품이 이렇게 많이 모일 줄은 몰랐구나."

선생님은 매우 기뻐하시며 위문품을 하나 하나 들어 보셨읍니다.

"어려운 살림에서 이렇게 많이 보내게 될 줄은 몰랐구나. 너희들이 의논을 해서 이렇게 보내게 된 것을 국군 아저씨들이 알게 되면 퍽 기뻐들 할 것이다."

"선생님!"

이 때, 창호가 일어서서 말했읍니다.

"저는 위문품 보낼만 한 것이 없어서 위문 편지 밖에 못 넣었어요."

"응. 그래?"

선생님은 창호 머리를 쓰다듬으시고,

"우리의 힘으로 할 수 있는 대로 하는 것이지, 꼭 값 비싼 물건이 필요한 것은 아니다. 위문품보다도 보내는 정성이 더 귀한 것이란다. 네 위문 편지에는 아마 네 정성이 들어 있어서, 국군 아저씨도 잘 알아 줄 것이다. 그런데, 요새 수길이가 학교에 오지 않는데, 누구 수길이네 집에 가 본 사람 없나?"

"예, 제가 어저께 갔었어요."

철호가 일어나서 말했읍니다.

"수길이는, 어머니하고 언니가 모자리에 물을 푸고 보리밭 매시느라고 바빠서, 동생을 보아 주고 있었어요.

수길이도 좋은 위문품을 보내 드리지 못한다고 걱정을 하면서, 그림 한 장과 편지를 주겠지요."

"그만 해도 장한 일이다. 수길이야말로, 씩씩하게 싸우는 어린이라 하겠다."

수길이 아버지는 제이 국민병으로 훈련을 받으려 나가셨다가 국군이 되셨읍니다. 제이 국민병으로 나갔던 동네 청년들이 거의 다 농사를 지으러 다시 돌아왔지만, 수길이 아버지는 지원을 해서 국군이 되셨다는 것이었읍니다.

동네 사람들은, 지난 해 여름, 북한 공산군이 밀려 들어왔을 때, 날마다 쌀과 곡식을 빼앗아 가고, 들볶이고, 나중에는 의용군으로 나가라고 욱박질렀었읍니다. 그 중에도 수길이네는 아저씨가 국군이었기 때문에 더 심하였었읍니다.

국군이 유엔군과 함께 적을 무찌르고, 올라와서 온 동네에 태극기가 펄펄 휘날리게 되었을 때, 수길이네는 아저씨가 용감히 싸우다가 전사하였다는 소식을 들었읍니다. 수길이 아버지가 국군을 지원하였다는 것은, 아마 수길이 아저씨 대신 싸우려고 결심하였기 때문일 것입니다.

공부가 끝나자, 반회를 열었읍니다. 맨 처음에 반장 인묵이가 지난 번 반회 때 결의한 위문품 성적을 보고한 다음, 새로 할 일을 의논하기로 하였읍니다.

먼저, 수길이를 도와주자는 의견이 나왔읍니다.

"학용품을 절약해서 수길이 학용품을 대어 주자."

는 아이도 있었고,

"어머니께 말씀 드려서 쌀이나 보리를 모아 주자."

는 동무도 있었읍니다. 이와 같이 서로 의견이 달랐지만,

"우리의 힘으로 수길이를 돕자."

는 데는, 한 사람의 반대도 없었읍니다.

영철이가 일어나서 의견을 말했읍니다.

"우리가 한꺼번에 일을 해주러 갈 수도 없으니, 분단을 나누어서 번갈아 도와 주기로 하자. 그리고 우리는 수길이를 도와 줄 뿐만 아니라, 다른 국군이나, 제이 국민병으로 나가서 돌아오지 않은 집들도 같이 도와 주고 될 수 있으면, 국군이 잘 다닐 수 있게, 길을 고쳐 드리는 것이 좋을 것 같다."

영철이는 이야기 끝에 제가 며칠 전에 길을 고친 이야기를 하였읍니다.

선생님께서 옆에서 들으시고,

"그것 참, 좋은 일을 하였다. 우리 힘으로 그런 훌륭한 일도 할 수 있구나."

하시며 매우 기뻐하셨읍니다.

반회는,

우리의 힘으로,

1. 수길이를 도와서 공부를 편히 하게 해 줄 것.
2. 국군과 제이 국민병으로 나간 집을 도와 줄 것.
3. 길을 고쳐 드릴 것.

을 결정하고, 일을 하는 데는,

분단은 여섯으로 나누어 분단장이 의논하여 일을 서로 나누어 맡을 것.

을 결정하고 분단장을 뽑았읍니다.

이튿날 반 동무들은 아침 일찌기 학교에 모였읍니다. 선생님께서도,

"우리의 힘으로"

라고 쓴 기를 만들어 가지고 오셨읍니다.

깃발은 펄럭펄럭 날리며, 앞으로 앞으로 일터를 찾아나아 가는 것이었읍니다.

참고

이 교과서의 지도상 주의는 제1 집의 요령과 같다.

이 책은 전시판이므로 제본이 제대로 되어 있지 않으니, 교사나 부형이 다음과 같이 제본하여 학생에게 주기 바란다.

1. 바늘에 실을 꿰어 접은 데를 밖에서 안으로 잡아맨다.

ㄱ. ㄴ. ㄷ.

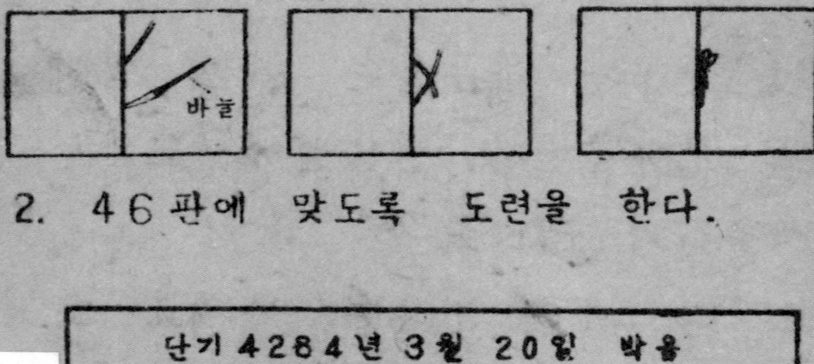

2. 46판에 맞도록 도련을 한다.

단기 4284년 3월 20일 박음
단기 4284년 3월 25일 펌

전시 생활 2-3
씩씩한 우리 겨레

값	피란 학생에게 거저 줌

지은이 / 겸 펀이: 문교부

박은이: 합동도서주식회사 대표자 양이영

씩씩한 우리겨레 (전시생활 국어교과서)2-3. 복제본 39,000원
ISBN 978-89-5955-113-2 13700